*O rosário
meditado*

Guido Marini

O rosário meditado

Tradução de
Thácio Lincon Soares de Siqueira

Petrópolis

© Effatà Editrice, Via Tre Denti 1, 10060 Cantalupa, Itália.

Tradução realizada a partir da edição italiana intitulada *Il Rosario meditato,* de Guido Marini.

Direitos de publicação em língua portuguesa – Brasil:
2021, Editora Vozes Ltda.
Rua Frei Luís, 100
25689-900 Petrópolis, RJ
www.vozes.com.br
Brasil

Todos os direitos reservados. Nenhuma parte desta obra poderá ser reproduzida ou transmitida por qualquer forma e/ou quaisquer meios (eletrônico ou mecânico, incluindo fotocópia e gravação) ou arquivada em qualquer sistema ou banco de dados sem permissão escrita da editora.

CONSELHO EDITORIAL

Diretor
Gilberto Gonçalves Garcia

Editores
Aline dos Santos Carneiro
Edrian Josué Pasini
Marilac Loraine Oleniki
Welder Lancieri Marchini

Conselheiros
Francisco Morás
Ludovico Garmus
Teobaldo Heidemann
Volney J. Berkenbrock

Secretário executivo
João Batista Kreuch

Editoração: Leonardo A.R.T. dos Santos
Diagramação: Editora Vozes
Revisão gráfica: Alessandra Karl
Capa: Érico Lebedenco
Ilustração de capa: Jéssica Silva

ISBN 978-65-5713-003-2 (Brasil)
ISBN 978-88-692-9363-4 (Itália)

Editado conforme o novo acordo ortográfico.

Este livro foi composto e impresso pela Editora Vozes Ltda.

Sumário

Mistérios gozosos, 7
    Segunda-feira e sábado

Mistérios dolorosos, 19
    Terça-feira e sexta-feira

Mistérios luminosos, 31
    Quinta-feira

Mistérios gloriosos, 43
    Quarta-feira e domingo

Mistérios gozosos

Segunda-feira e sábado

1 A Anunciação do anjo à Virgem Maria

Disse então Maria: "Eis aqui a serva do Senhor. Aconteça comigo segundo tua palavra!" (Lc 1,38).

✢ **Olhemos para Jesus, com a alegria no coração.**

Por que olhamos para Jesus? Não deveríamos, pelo contrário, olhar para Maria? Não será precisamente ela a protagonista de tudo o que acontece? Na verdade, o anjo, enviado por Deus, e Maria, que ouve e responde ao anúncio, estão a serviço daquele que será chamado Filho de Deus, a serviço de Jesus. Como sempre, quando olhamos para Maria, somos orientados por ela mesma a fixar o olhar no Senhor Jesus.

✢ **Ouçamos a palavra que ilumina o mistério.**

"Aconteça comigo segundo tua palavra." Na vida de Maria tudo acontece segundo a Palavra de Deus, a tal ponto que a Palavra de Deus se faz carne nela. Em Jesus, Deus se faz visível na nossa humanidade porque uma jovem mulher responde "sim" com todo o coração ao convite angélico, porque uma jovem de Nazaré dá seu consentimento incondicional à vontade do Senhor. O Verbo se fez carne graças àquela que o acolheu em seu ventre e, mesmo antes disso, na própria alma.

✦ **Peçamos a ajuda de Maria e oremos.**

Santíssima Virgem da Anunciação, conserva em nós o desejo de conformar sempre e em tudo a nossa vida à vontade de Deus, apoia a nossa diária adesão de fé à Palavra que o Senhor nos dirige e nos dá.

2 A visita da Virgem Maria a Santa Isabel

Isabel, cheia do Espírito Santo, exclamou em voz alta: "Bendita és tu entre as mulheres e bendito é o fruto do teu ventre!" (Lc 1,42).

✦ **Olhemos de novo para Jesus, com a alegria no coração.**

É Ele que Maria leva dentro de si a caminho da região montanhosa da Judeia. É Ele que regozija o coração de Isabel. É Ele que fez saltar de alegria a criança no ventre de Isabel.

✦ **Ouçamos a palavra que ilumina o mistério.**

"Bendito é o fruto do teu ventre." O fruto do ventre de Maria é realmente abençoado. E por onde Ele passa traz alegria. A casa de Zacarias foi iluminada; os olhos de Isabel, envoltos por uma alegria celestial; o pequeno João saltou de alegria no seio da mãe. A mesma região da Judeia deve ter florescido na passagem de Maria com Jesus. A presença de Jesus, fruto bendito de Maria e dom do céu para o mundo, traz sempre a plenitude da vida.

✦ **Oremos, dirigindo-nos a Maria.**

Santa Virgem da Visitação, ajuda-nos a caminhar pelas estradas do mundo carregando Jesus sempre conosco. Lembra-nos da alegria de sermos os seus tabernáculos vivos na história dos nossos dias. Se guardarmos a presença do Senhor, a nossa vida será uma bênção para todos.

3 O nascimento de Jesus

E ela deu à luz o seu filho primogênito. Envolveu-o em panos e o deitou numa manjedoura, por não haver lugar na sala dos hóspedes (Lc 2,7).

✦ **Olhemos sempre para Jesus, com a alegria do coração.**

O evangelista Lucas tem o cuidado de nos mostrar o quadro histórico do nascimento do Senhor. A nossa fé, de fato, não é uma ideia, nem um ideal de vida. A nossa fé está enraizada em um fato histórico, em um rosto de uma criança nascida por nós.

✦ **Ouçamos a palavra que ilumina o mistério.**

"Envolveu-o em panos e o deitou numa manjedoura." Talvez nos tenhamos habituado a essas palavras. Não nos surpreende mais o fato de que Deus tenha nascido de uma mulher, que tenha se tornado uma criança, que tenha sido envolto em faixas e deitado numa manjedoura. O costume com as grandes obras de Deus nos fez perder a admiração diante da beleza do mistério de Deus. O Natal é um mistério sem precedentes e, desde o Natal, nada é como antes na relação entre Deus e o homem. Deus é o Emanuel, o Deus conosco e por nós.

✦ **Oremos, pedindo novamente a ajuda de Maria.**

Santíssima Virgem da Natividade, transmite também a nós a tua admiração comovida pelo nascimento de Jesus. Que tenhamos também um pouco daqueles teus olhos límpidos que entram alegres e maravilhados no mistério do Deus que se faz criança; que tenhamos também o teu coração puríssimo que acolhe, no êxtase do amor, o rosto do Salvador.

4 A apresentação de Jesus no Templo

Simeão acolheu-o em seus braços e bendisse a Deus, dizendo: "meus olhos viram a salvação que preparaste diante de todos os povos" (Lc 2,27.31).

✦ **Continuemos a olhar para Jesus, com a alegria no coração.**

Ele é conduzido ao Templo por Maria e José e, por meio deles, se adequa em tudo e por tudo à Lei do Senhor. Desde o início, o "alimento de Jesus" é fazer a vontade do Pai. De fato, como recorda a Carta aos Hebreus: "Entrando no mundo, Cristo diz: Eis-me aqui, venho para fazer a tua vontade".

✦ **Ouçamos a palavra que ilumina o mistério.**

"Como prescreve a Lei do Senhor." Toda a vida de Jesus é obediência à vontade do Pai. Não há nele outro desejo a não ser conformar-se incondicionalmente ao desígnio de Deus. Cada passo da sua vida terrena é apenas o reflexo do que o Filho vive no coração da Trindade. Ele, o Filho, se dirige ao seu Pai em um "sim" eterno.

+ **A intercessão de Maria nos sustenta.**

Santa Virgem da Apresentação, em ti ouvimos o eco fiel do "sim" de Jesus ao Pai, porque a tua vida também foi um "sim" fiel e pronto ao chamado de Deus. Que o teu "sim" possa ressoar também em nós, naquelas respostas diárias que decidem sobre a santidade da nossa vida.

5 O encontro do Menino Jesus no Templo

Ele lhes respondeu: "Por que me procuráveis? Não sabíeis que eu devia estar na casa do meu Pai?" (Lc 2,49).

✛ **Olhemos pela última vez para Jesus, com a alegria no coração.**

Ele é uma criança de 12 anos. Permanece no Templo em Jerusalém e ouve e questiona os mestres da Lei. Os seus pais o procuram, finalmente o encontram depois de três dias.

✛ **Ouçamos a palavra que ilumina o mistério.**

"Três dias depois o encontraram no Templo." Será que os três dias que Jesus ficou desaparecido não significam alguma coisa? Na verdade, os três dias desse evangelho da infância são uma antecipação de outros três dias: aqueles da morte de Jesus, prelúdio da sua ressurreição. Todos, como Maria e José, devemos entrar naqueles três dias de morte, se quisermos entrar também na ressurreição. Da morte à vida, sempre! Para nós, "o viver é Cristo", mas com a condição de que morramos com Ele: para o mundo, para o pecado, para o mal.

✦ **Com o coração em oração, permaneçamos diante de Maria.**

Santa Virgem do Templo, acompanha-nos nos três dias de morte, para que os nossos olhos se fechem para o mundo; e, agarrando-nos a ti, com determinação e doçura, introduz a nossa vida na luz gloriosa da ressurreição, que é a vida nova e esplêndida dos filhos de Deus.

Mistérios dolorosos

Terça-feira e sexta-feira

1 A agonia de Jesus no Horto das Oliveiras

Adiantou-se um pouco, prostrou-se com o rosto em terra e orava, dizendo: "Pai, se for possível, afasta de mim este cálice, contudo não se faça como eu quero, mas como Tu queres" (Mt 26,39).

✛ **Observemos Jesus, em silêncio.**

Está no Horto das Oliveiras. Vive a sua dramática agonia, física e espiritual, antes de enfrentar os acontecimentos da paixão. A tensão do coração é tal que o suor se transforma em sangue.

✛ **Ouçamos a palavra que ilumina o mistério.**

"Não se faça a minha, mas a tua vontade." Também o Senhor vive a dificuldade de aderir até o fim à vontade do Pai. É também a nossa luta. Mas Jesus sabe que naquela vontade está a plenitude do desenho de Deus que é amor.

E confia. A passagem da resistência ao abandono confiante acontece na oração. Também para nós a vontade de Deus se torna pão diário do qual alimentar-se com desejo e fidelidade apenas em virtude da oração.

✦ Portanto, oremos.

Como muitas vezes repetimos no Pai-nosso, também agora digamos do profundo dos nossos corações: "Seja feita a vossa vontade, meu Deus". Fazei, Senhor, que eu busque essa vossa vontade apaixonadamente e abrace-a prontamente na minha cotidianidade.

2 A flagelação de Jesus na coluna

Então soltou-lhes Barrabás. Quanto a Jesus, depois de tê-lo mandado açoitar, entregou-o para ser crucificado (Mt 27,26).

✦ **Observemos Jesus, em silêncio.**

Está amarrado à coluna. Por vontade do procurador romano foi açoitado. Os golpes do terrível flagelo atingiram o seu corpo; um corpo que é doado a mim e para a minha salvação.

✦ **Ouçamos a palavra que ilumina o mistério.**

"Pilatos mandou prender Jesus." O Senhor deixa que os soldados romanos o prendam. A sua vida não lhe é tirada contra a sua vontade. Ele se deixa flagelar "por nós homens e para a nossa salvação". Padece por amor a nós. Geme porque tem compaixão de nós. Está atordoado pelos golpes dolorosíssimos porque só pensa em nossa vida. Os padecimentos de Jesus são um capítulo decisivo na história do amor de Deus por nós.

✦ **Oremos, então.**

Senhor, ajuda-nos a não passar superficialmente ao largo das tuas dores, mas a parar diante delas a fim de contemplar nelas o abismo de misericórdia do qual sou anúncio extraordinário. Pela remissão do meu pecado foste flagelado. Ajuda-me a detestar o pecado, todo pecado e sempre.

3 A coroação de espinhos de Jesus

Tiraram-lhe as vestes e jogaram-lhe um manto de púrpura. Depois, colocaram-lhe na cabeça uma coroa de espinhos e na mão direita uma vara (Mt 27,28-29).

✢ **Observemos Jesus, em silêncio.**

Traz na cabeça uma coroa de espinhos; nas costas, um manto de púrpura. É ridicularizado e esbofeteado pelos soldados. Assim é tratado aquele que, na verdade, é o Rei do universo.

✢ **Ouçamos a palavra que ilumina o mistério.**

"Salve, rei dos judeus." Na blasfêmia incrédula deles, os soldados da guarnição de Pilatos proclamam a verdade sobre a identidade de Jesus. Ele é Rei! Mas sua realeza é oculta aos olhos do mundo. É a realeza do amor que se doa "até o fim", até o extremo. Façamos nossas as palavras de zombaria, para que se tornem, em nossos lábios, as palavras mais belas da fé: "Salve nosso Rei e Senhor!"

✦ **Nessa fé, oremos.**

Senhor, que eu não tenha na vida nenhum outro rei além de ti. Nas decisões diárias, lembra-me daquilo que um dia disseste a São Francisco: "Francisco, dize-me, quem te pode beneficiar mais, o patrão ou o servo? Por que, então, deixas o patrão pelo seu servo e o príncipe pelo seu vassalo?

4 A viagem de Jesus ao Calvário carregando a cruz

Jesus saiu carregando a cruz para o lugar chamado Caveira, em hebraico Gólgota (Jo 19,17).

✛ **Observemos Jesus, em silêncio.**

Ele vai caminhando para o Gólgota, lugar da sua crucifixão. Em seus ombros, carrega a cruz do seu suplício. O cansaço o oprime. Cai várias vezes. Uma dor entre todas prevalece. É a dor do mundo que rejeita a Deus, é a dor do pecado do mundo que se fecha ao amor de Deus.

✛ **Ouçamos a palavra que ilumina o mistério.**

"Crucificaram-no." Os soldados romanos penduram materialmente Jesus na cruz. Alguns dos judeus quiseram a todo o custo a sua condenação à morte. Muitos o traíram. Mas, na verdade, sobre aquele Gólgota toda a humanidade se encontra e assume a responsabilidade pela morte por crucificação do Filho do Homem. Eu, tu, nós todos somos os artífices daquele supremo sacrifício. Mas, fantasia inimaginável do amor de Deus, nós, crucificadores, encontramos salvação naquele que crucificamos.

✦ **Comovidos, oremos.**

Senhor, realmente foi "feliz culpa" a nossa, como canta a liturgia na grande vigília da noite de Páscoa. Feliz, não pelo trágico delito que cometemos, mas pela consequência impensável daquele nosso gesto imprudente. Senhor, ajuda-me a recomeçar sempre na vida, apesar da grandeza do meu pecado. Senhor, ajuda-me a encontrar graça também na queda mais desastrosa.

5 A crucificação e morte de Jesus

Depois de provar o vinagre, Jesus disse: "Tudo está consumado". E, inclinando a cabeça, entregou o espírito (Jo 19,30).

✝ **Olhemos para Jesus, em um silêncio mais prolongado.**

Ele está pendurado na cruz. Tem sede, mas uma sede que é mistério. Pronuncia as últimas palavras, que são mistério. Expira o último suspiro. E também isso é mistério.

✝ **Ouçamos a palavra que ilumina o mistério.**

"Tenho sede." Mas a que sede se refere o Senhor? A queimação que seca os lábios do Senhor provém de um calor muito mais profundo. Nele está a sede dolorosa do nosso amor. "Tudo está consumado." Talvez o caminho de uma vida tenha simplesmente acabado? Na verdade, foi realizado um projeto: aquele que sempre foi pensado pelo Pai para nós. Um projeto de amor infinito. "Expirou." Nesse último suspiro está o sopro do Espírito que renova o mundo e faz nova toda a face da terra.

✦ **Oremos, mas sem palavras.**

Não há palavras adequadas para dizer um "eu te amo" àquele que é o Amor da nossa vida.

Mistérios luminosos

Quinta-feira

1 O Batismo no Jordão

Depois de batizado, Jesus saiu logo da água. Nisso, os céus se abriram, e Ele viu o Espírito de Deus descer como uma pomba e pousar sobre Ele. E do céu veio uma voz que dizia: "Este é o meu Filho amado, de quem eu me agrado" (Mt 3,16-17).

✦ **Deixemo-nos envolver pela luz do mistério do Senhor.**

Ele acaba de ser batizado por João. Os céus se abrem; o Espírito Santo, em forma de pomba, desce sobre Ele; o Pai faz ouvir a sua voz de agrado, com a qual entrega à humanidade de todos os tempos o seu Filho, o Salvador desejado e esperado.

✦ **Ouçamos a palavra que ilumina o mistério.**

"Os céus se abriram." Este Batismo certamente diz respeito a Jesus. Mais uma vez, num gesto se revela o rosto, o seu: Ele quer descer conosco nas profundezas da nossa miséria para nos elevar às alturas de Deus. Mergulha nas águas do Jordão para levar-nos consigo a salvo para a terra da verdadeira liberdade e da verdadeira alegria. Jesus é a misericórdia que resgata cada uma das nossas misérias. É claro, portanto, que esse Batismo diz respeito também a nós. Os céus abertos e a voz do Pai ilustram a mais consoladora das verdades: finalmente o paraíso se tornou acessível aos homens. O jardim de Deus não está mais selado. Um corte no céu anuncia os dias da salvação. É outra vez possível uma história de amor com Deus.

✦ **Maria intercede por nós.**

Tu, que foste a primeira das pessoas salvas e aurora do mundo sobre o qual de novo se aproxima o céu de Deus, ajuda-nos a não esquecer jamais que vale para cada um a esplêndida palavra do Pai: "Este é o meu filho amado". Recorda-nos sempre a nossa mais verdadeira identidade de filhos amados por Deus.

2 As Bodas de Caná

Sua mãe disse aos que estavam servindo: "Fazei tudo o que Ele vos disser" (Jo 2,5).

✦ **Deixemo-nos envolver pela luz do mistério do Senhor.**

Ele é um dos convidados das Bodas de Caná. Com Ele está a sua mãe, Maria. A súbita falta de vinho é o sinal de uma festa de casamento incompleta, triste, sem remédio. Ninguém pode evitar o pior. Só Jesus pode salvar a festa.

✦ **Ouçamos a palavra que ilumina o mistério.**

"Fazei tudo o que Ele vos disser." Maria entendeu. Ninguém pode remediar aquela falta de vinho. O amor rompido entre Deus e a humanidade, do qual aquele vinho que falta é sinal e referência, pode ser levado a uma nova vida só por Jesus. Ele é a Aliança definitiva e plena entre

Deus e nós. Ele é o arco-íris da amizade reencontrada para sempre entre o mundo de Deus e o mundo dos homens. Ele é o arco da paz que torna possível o banquete de casamento entre o coração de Deus e o coração do homem.

✦ **Maria intercede por nós.**

Tu, que experimentaste a alegria do amor nupcial com o teu Senhor, ajuda-nos a não procurar em outro lugar a plenitude do coração e da vida. Só em Deus a nossa alma pode descansar. Somente com Jesus, a festa de casamento da vida, o vinho não falta e o tálamo do encontro não reserva nenhuma amargura.

3 O anúncio do Reino de Deus

Jesus foi para a Galileia. Pregava o Evangelho de Deus (Mc 1,14).

✛ **Deixemo-nos envolver pela luz do mistério do Senhor.**

João foi preso: a sua missão de precursor está prestes a se realizar com o dom da vida. É o tempo de Jesus. Começou o anúncio do Reino de Deus. O coração de Jesus arde de amor pela salvação do mundo. Não é possível perder tempo em coisas vãs.

✛ **Ouçamos a palavra que ilumina o mistério.**

"Crede no Evangelho." Jesus convida à conversão porque, quando se anuncia a Deus e a sua presença de amor no mundo, o ser humano deve mudar de vida. Para acolher a Deus é sempre necessário converter-se. A conversão, no anúncio de Jesus, tem um conteúdo específico: crer no Evangelho. Não basta acreditar nas coisas que o Evangelho narra. É necessário também crer no Evangelho: deixar-se envolver verdadeiramente naquela Palavra que vem de Deus; permitir que aquela Palavra seja plantada no coração; dar-lhe espaço para que conquiste cada espaço da vida; amá-la como se ama a própria vida, e mais ainda na disponibilidade de morrer por ela, espada afiada que corta e tira tudo o que não pertence a Deus.

✦ **Maria intercede por nós.**

Tu, que creste no Evangelho a ponto de confiar totalmente a tua vida ao Senhor sem nenhuma condição e com imediata prontidão, ajuda-nos a ter confiança na palavra que Deus nos dirige; ajuda-nos a crer que o Evangelho, se acolhido e vivido fielmente, é o segredo da verdadeira conquista da nossa humanidade.

4 A transfiguração

Enquanto orava, seu rosto mudou de aparência, suas vestes ficaram brancas e resplandecentes (Lc 9,29).

✦ **Deixemo-nos envolver pela luz do mistério do Senhor.**

Jesus leva consigo alguns dos apóstolos e vai até um monte alto. Lá é transfigurado, assumindo uma aparência deslumbrante que já antecipava a glória do céu. Ele brilhou como o sol, também para recordar que só Ele é o Sol da vida, a Luz do mundo.

✦ **Ouçamos a palavra que ilumina o mistério.**

"Suas vestes ficaram brancas e resplandecentes." A nossa memória bíblica nos faz imediatamente pensar nas vestes brancas dos santos mencionados no Livro do Apocalipse. Aquela vestimenta é o sinal da vida nova, não somente acolhida na peregrinação terrena, mas também usada para sempre na pátria celeste. No dia do nosso Batismo, recebemos a veste branca que significava a vida de Jesus em nós, a ausência de toda marca de pecado. E fomos convidados a mantê-la iluminada e pura também em cada dia da vida. Pureza, candura: não se deve ter medo dessas palavras, muito menos do que significam para nós. Se estamos revestidos de Cristo, só podemos ser puros e cândidos.

✦ **Maria intercede por nós.**

Tu, que és a mais bela dentre todas as mulheres porque toda pura, ajuda-nos a manter vivo o desejo de permanecer fiéis à nossa veste cândida. Afasta de nós tudo o que pode manchar a nossa vida. Alimenta em nós o amor pelo que é belo, luminoso, cândido: Jesus em nós.

5 A Eucaristia

Enquanto comiam, Jesus tomou um pão e pronunciou a bênção. Depois, partiu o pão e o deu aos discípulos, dizendo: "Tomai e comei, isto é o meu corpo" (Mt 26,26).

✦ **Deixemo-nos envolver pela luz do mistério do Senhor.**

Jesus está à mesa com os seus apóstolos. Juntos, celebram a Páscoa. Nesse contexto, o Senhor toma o pão, depois o vinho: abençoa e pronuncia as palavras que permanecerão para sempre como eco do seu amor fiel até o fim, até o dom da vida, lembrança da sua presença até o fim do mundo.

✦ **Ouçamos a Palavra que ilumina o mistério.**

"Tomai e comei." Jesus permite que comamos de seu corpo. Não só para ser, no caminho da vida, alimento indispensável para completar alegremente o caminho, mas também para transformar cada vez mais a nossa existência nele. Aquele corpo e aquele sangue dos quais nos alimentamos realizam a nossa progressiva incorporação em Jesus. E torna-se possível dizer: "Para mim, viver é Cristo", "já não sou eu que vivo, mas é Cristo quem vive em mim". Esta é a vida cristã: viver Cristo. Porque Cristo é tudo para nós.

✦ Maria intercede por nós.

Tu, que és a Mãe, continua em nós o teu maternal cuidado para que o teu divino Filho cresça dia após dia na nossa vida, e dessa forma seja possível realizar em nós quase que uma nova encarnação. O mistério do Natal é o nosso destino feliz.

Mistérios gloriosos

Quarta-feira e domingo

1 A ressurreição de Jesus

O anjo, dirigindo-se às mulheres, disse: "Não tenhais medo. Sei que procurais Jesus, o crucificado. Ele não está aqui! Ressuscitou conforme tinha dito (Mt 28,5-6).

+ **Olhemos para Jesus, exultando o coração.**

Ele ressuscitou dos mortos. O Crucificado já não está no sepulcro. Ele está vivo! Mais: é o Vivente! As mulheres observam e ouvem o anjo, com espanto e com alegria. O reino das trevas foi derrotado para sempre. Jesus é o vitorioso! Contemplemos o mistério em silêncio.

+ **Ouçamos a palavra que ilumina o mistério.**

"Não tenhais medo." O túmulo vazio da manhã de Páscoa é um anúncio maravilhoso que sacode a terra e que ressoa estrondosamente em cada momento da história. Em Jesus ressuscitado, a vida vence a morte; a graça e a misericórdia são superiores ao mal e ao pecado. A escuridão de um mundo perdido sem futuro é substituída pela luz deslumbrante da salvação e da esperança. É por isso que já não temos de ter medo. O medo é pagão, a confiança é cristã.

✦ **Portanto, oremos.**

Senhor, faz que sejamos testemunhas audazes e convincentes da tua ressurreição. O teu nome, ó Ressuscitado, ressoe sempre em nossos lábios. E concede-nos que apresentemos ao mundo um olhar de ressuscitados, um rosto de ressuscitados, um coração de ressuscitados, uma vida de ressuscitados. Que cada um de nós possa ser um anúncio vivo de ti, ressuscitado dos mortos.

2 A ascensão de Jesus aos céus

Depois de lhes falar, o Senhor Jesus foi elevado ao céu e sentou-se à direita de Deus (Mc 16,19).

✦ **Olhemos ainda para Jesus, com o coração exultante.**

Ascendeu para o alto, ao céu. Os olhos dos homens da Galileia já não o conseguem ver. Parece esconder-se do olhar deles. No entanto, aquela ascensão é a condição necessária para que Ele possa voltar: agora, como uma presença fiel até o fim do mundo; na glória, para dar cumprimento à história da salvação. Contemplemos o mistério em silêncio.

✦ **Ouçamos a palavra que ilumina o mistério.**

O Senhor, tendo subido ao céu, permanece sempre conosco. Ele se faz presente na Eucaristia celebrada e adorada, na Palavra ouvida, nas inspirações para o bem presentes no coração, no rosto de cada um dos nossos próximos, nos fatos e nos imprevistos da vida. Tendo subido ao céu, Jesus é o céu que habita nossa história diária, é o céu que acompanha os passos do nosso caminho, é o céu que nos faz antever a eterna bem-aventurança do paraíso.

✦ **Oremos agora.**

Senhor, ajuda-nos a não passar por ti distraidamente, presença de amor na nossa vida. Bata à porta do nosso coração, Senhor, quando a terra sobre a qual andamos nos impede de te ver, céu luminoso que dás salvação e plenitude de significado aos nossos dias.

3 A vinda do Espírito Santo

Eu pedirei ao Pai, e Ele vos dará outro Paráclito, que estará convosco para sempre (Jo 14,16).

✦ **Observemos a obra do Espírito Santo com o coração exultante.**

Como o forte vendaval e como fogo flamejante, o Espírito Santo de Deus enche a casa onde os apóstolos, com Maria, esperavam pelo cumprimento da promessa de Jesus. Tudo muda. O medo se transforma em coragem, a timidez em audácia, a falta de palavra em anúncio que alcança os confins da terra. Contemplemos o mistério em silêncio.

✦ **Ouçamos a Palavra que ilumina o mistério.**

"Começaram a falar em outras línguas." Os apóstolos falam, e todos compreendem. O anúncio da salvação penetra o coração de cada ser humano, porque cada ser humano, na verdade, quer saiba quer não, o espera. Todos, de fato, temos necessidade de salvação. Todos esperamos um salvador. O mundo tem uma identidade secreta própria: a sede ardente de Jesus. O Espírito Santo nos coloca em sintonia com essa sede humana insaciável. O Espírito Santo nos faz dizer "Jesus" de tal forma que todos o reconheçam como o Salvador esperado.

✦ Oremos ao Espírito Santo e o invoquemos.

Vem, Espírito Santo! Vem, e enche a nossa vida de ti. Vem como língua de fogo, que acende o nosso coração de ardente amor pelo Senhor Jesus. Vem como vento impetuoso, que nos empurra para os confins do mundo a fim de levar o anúncio da salvação.

4 A assunção da Virgem Maria ao céu

Quem é esta que surge como a aurora, bela como a lua, brilhante como o sol, esplêndida como o céu estrelado? (Ct 6,10).

✦ **Olhemos para Maria, com o coração exultante.**

Ela reza e canta. O seu *Magnificat* é a expressão de um coração encantado pela obra que Deus fez em sua vida. Maria está cheia de admiração e de gratidão. Nela, tudo é graça: desde a concepção até a entrada no céu de Deus.

✦ **Contemplemos o mistério em silêncio.**

Ouçamos a palavra que ilumina o mistério. "Grandes coisas fez em mim o Onipotente". A assunção de Nossa Senhora ao céu recorda-nos a primazia da graça na vida de fé. A santidade não é obra das nossas mãos, uma obra que jamais poderia ser realizada dessa forma. A santidade é a maravilhosa obra de Deus, à qual somos chamados a dar o nosso consentimento com o nosso "sim" diário. Não pretendemos ser salvadores de nós mesmos. Seria a nossa derrota. Reconhecemos que somos salvos. Nisso está a nossa vitória.

✦ **Com a oração, peçamos a ajuda de Maria.**

Santíssima Virgem, assunta à glória do céu, mantém em nós o desejo da santidade. E ajuda-nos a fazer florescer a vida do Senhor em nós com a adesão pronta e fiel à sua palavra e à sua vontade. Esteja em nós a alegria de ser salvos pelo Amor.

5 A coroação da Virgem Maria

Apareceu no céu um grande sinal: uma mulher vestida do sol, com a lua debaixo dos pés e na cabeça uma coroa de doze estrelas (Ap 12,1).

✦ **Continuemos a olhar para Maria, com o coração exultante.**

Está vestida de sol, a lua está debaixo dos seus pés e sobre a sua cabeça tem uma coroa com doze estrelas. Maria é coroada rainha.

✦ **Contemplemos em silêncio o mistério.**

Ouçamos a Palavra que ilumina o mistério. "Apareceu no céu um grande sinal." Eis o sinal que vale para sempre e se torna um aviso e um convite para todos: no Reino dos Céus, aqueles que se fazem servidores têm dignidade real. É sempre assim: aos olhos de Deus, os critérios habituais do mundo são derrubados. A fé nos dá os critérios de Deus, o próprio pensamento de Cristo. Perante Deus não há outra coroa de glória possível, a não ser a do amor que se doa sem condições. Maria é rainha porque se fez serva do Senhor, porque é a mãe do belo amor.

✦ **Peçamos ainda a ajuda de Maria, com a oração.**

Santa Rainha do céu, acompanha os passos do nosso caminho terreno rumo à pátria que é o Reino de Deus. A ti, nossa rainha, confiamos a nossa vida para que seja toda do Senhor. E conheçamos a glória reservada àqueles que, com alegre perseverança, usam a coroa do amor.

CULTURAL

Administração – Antropologia – Biografias
Comunicação – Dinâmicas e Jogos
Ecologia e Meio Ambiente – Educação e Pedagogia
Filosofia – História – Letras e Literatura
Obras de referência – Política – Psicologia
Saúde e Nutrição – Serviço Social e Trabalho
Sociologia

CATEQUÉTICO PASTORAL

Catequese – Pastoral
Ensino religioso

TEOLÓGICO ESPIRITUAL

Biografias – Devocionários – Espiritualidade e Mística
Espiritualidade Mariana – Franciscanismo
Autoconhecimento – Liturgia – Obras de referência
Sagrada Escritura e Livros Apócrifos – Teologia

REVISTAS

Concilium – Estudos Bíblicos
Grande Sinal – REB

VOZES NOBILIS

Uma linha editorial especial, com importantes autores, alto valor agregado e qualidade superior.

PRODUTOS SAZONAIS

Folhinha do Sagrado Coração de Jesus
Calendário de mesa do Sagrado Coração de Jesus
Agenda do Sagrado Coração de Jesus
Almanaque Santo Antônio – Agendinha
Diário Vozes – Meditações para o dia a dia
Encontro diário com Deus – Guia Litúrgico

VOZES DE BOLSO

Obras clássicas de Ciências Humanas
em formato de bolso.

CADASTRE-SE
www.vozes.com.br

EDITORA VOZES LTDA.
Rua Frei Luís, 100 – Centro – Cep 25689-900 – Petrópolis, RJ
Tel.: (24) 2233-9000 – Fax: (24) 2231-4676 – E-mail: vendas@vozes.com.br

UNIDADES NO BRASIL: Belo Horizonte, MG – Brasília, DF – Campinas, SP – Cuiabá, MT
Curitiba, PR – Fortaleza, CE – Goiânia, GO – Juiz de Fora, MG
Manaus, AM – Petrópolis, RJ – Porto Alegre, RS – Recife, PE – Rio de Janeiro, RJ
Salvador, BA – São Paulo, SP